PACO BEZERRA

Muero porque no muero

La vida doble de Teresa

XXX Premio SGAE de Teatro Jardiel Poncela

fundación sgae

PACO BEZERRA
Muero porque no muero. La vida doble de Teresa

Primera edición, octubre 2022
Primera reimpresión, noviembre 2022
Segunda reimpresión, diciembre 2022
Tercera reimpresión, enero 2023
Cuarta reimpresión, marzo 2023

Coordinación editorial: Pilar López.
Diseño gráfico y de cubierta: José Luis de Hijes.
Maquetación y procesos digitales de edición: spandaeditorial.com
Corrección: Marisa Barreno.
Logotipo de la colección: Francisco Nieva.
Imprime: Estugraf Impresores, SL

Edita: Fundación SGAE
Bárbara de Braganza, 7, 28004 Madrid / publicaciones@fundacionsgae.org
www.fundacionsgae.org

ISBN: 978-84-8048-936-2
ISBN electrónico: 978-84-8048-937-9
DL: .M-23335-2022

Índice

La Teresa de Bezerra

I. Bezerra

La primera vez que leí una obra de Paco Bezerra fue por pura casualidad. Era el verano de 2010 y repasaba piezas de teatro españolas recién publicadas para reseñarlas en la revista norteamericana *Estreno. Cuadernos del teatro español contemporáneo*. De las muchas que me pasaron y analicé, solo escogí *Dentro de la tierra* de Paco Bezerra, que ya había recibido el Premio Nacional de Teatro Calderón de la Barca en 2007 y, más tarde, en 2009, fue galardonada con el Premio Nacional de Literatura Dramática. Recuerdo lo mucho que me impresionó descubrir a un artista de genial talento; no solo por la complejidad de la historia que narraba, sino también por la fuerza irreverente de su dramaturgia: desde la osadía de incluir cinco epígrafes que iban de García Lorca a David Lynch, hasta la combinación de diferentes estilos dramáticos. Por fin, un dramaturgo que rechazaba los dogmas tradicionales del teatro contemporáneo español a los que tanto nos hemos acostumbrado como espectadores y lectores. Estas fueron algunas de las alabanzas de mi reseña de 2011, que concluía con la atrevida aseveración de que conocer tanto esta obra como a su autor era indispensable para cualquier persona interesada en las posibilidades que podía llegar a ofrecer el teatro español. Sigo pensando lo mismo diez años más tarde, y con *Muero porque no muero (La vida doble de Teresa)*, la obra que se presenta en este volumen, puedo confirmar que no solo se ha cumplido mi predicción, sino que, claramente, me quedé corto elogiando a Paco.

El teatro de Francisco Jesús Becerra Rodríguez, para los que aún no lo conozcan, es un teatro que podríamos inscribir en una categoría donde el dramaturgo centraliza márgenes en sus textos teatrales. Bezerra, como dramaturgo, es puro margen. Creció y se educó completamente apartado del núcleo teatral madrileño y sin ningún contacto que le facilitara la inclusión en un mundo tan endogámico como es el del teatro en nuestro país. Nunca perteneció a ningún grupo, piña o familia teatral. En su casa, los primeros libros que aparecieron los compró su padre, por metros, en una tienda de muebles para colocarlos encima de la chimenea a modo de decoración. Tres metros y medio de novelas del oeste, melodramas y ciencia ficción que nadie llegó a leer. El periódico tampoco entraba en casa. Ni se escuchaba la radio. La única ficción *hogareña* era la de la tradición oral, poblada por leyendas incluso recónditas y estrambóticas, pero que todos tenían por ciertas.

Incansable repetidor, Bezerra iba a clase cuando le venía en gana, y nunca llegó sacarse el bachillerato. Tras abandonar los estudios en 1997, apareció en Madrid con apenas un "6" de media en el graduado escolar y un ardiente deseo: el de estudiar arte dramático. "¿De dónde vienes exactamente?", le preguntó años después un entrevistador. Y la respuesta de Bezerra fue: "De la calle".

Sus textos, al igual que su biografía, impresionan por la libertad que los preside; una libertad alejada de cualquier canon impuesto y del temor a que su ejercicio condicione el montaje de sus propuestas. En sus obras, por ejemplo, no suele haber escenas, sino lo que podríamos denominar episodios. Además, subordina todo lo que la escritura teatral tiene de impostado a cualquier recurso que considere más expresivo para transmitir lo que desea. Encontramos en sus piezas, incluso, momentos absolutamente narrativos, donde *se nos cuenta* la acción de un modo cercano a la ortodoxia de la novela o el relato. No incluye indicaciones que orienten cómo ha de materializarse el texto sobre el escenario. El misterio se entremezcla con lo cotidiano, la poesía con lo banal, lo social con lo mágico y lo extraordinario...

Zambullirse en la obra de Bezerra es una experiencia formidable; pudiera parecer que los textos están escritos para ser leídos y no para ser representados, que leerlos es el fin, no un paso intermedio. No es de extrañar que *Velocidad mínima* —volumen que recoge sus obras completas (hasta el momento) en la editorial La Uña Rota— se subtitule *El teatro viene después*, ya que la representación puede llegar o no, mientras que el texto siempre pervive mediante la palabra escrita. Que su obra alcance los escenarios o se quede en el papel es una cuestión que no parece importar al autor; otro factor primordial para entender el conjunto de su dramaturgia. Sus obras nacen de la imperiosa y urgente necesidad de ser contadas de inmediato, casi a modo de exorcismo. Bezerra no suele asistir a los ensayos de sus textos y nunca condiciona las decisiones artísticas que los directores de escena puedan tomar. Lo que el director decida es algo que a él no le incumbe. Tampoco tiene, sorprendentemente, ninguna intención de dirigir lo que escribe, una excepción en nuestro panorama teatral, puesto que casi todos los dramaturgos acaban sucumbiendo a la tentación.

Su obra está poblada de muerte, violencia y sexualidad. Bezerra siempre dramatiza el margen, el límite, la frontera, ya sea a través de los temas que trata, las situaciones que elige o los personajes que dibuja, gente de baja extracción social, inmigrantes, campesinos, impedidos, curanderas, ancianos, homosexuales, exorcistas, enfermos, drogadictos y mujeres, muchas mujeres, cuyas historias han sido silenciadas o alteradas por el poder y su desempeño, como es el caso de santa Teresa: un personaje que sufrió múltiples insultos y agresiones durante su vida y cuyo legado histórico se ha manipulado y tergiversado hasta el punto de que el mito de la santa poco tiene que ver con la realidad.

II. Teresa

Muero porque no muero. La vida doble de Teresa, monólogo galardonado con el XXX Premio SGAE de Teatro Jardiel Poncela 2021, fue elegido entre más de 300 textos por, en palabras del jurado, “Su originalidad a la hora de revisar y actualizar la imagen de la santa, además de dialogar sobre el arte y cómo se crean y utilizan los símbolos; un texto capaz de generar grandes imágenes y acciones”.

Bezerra ha contado en varias ocasiones que el origen de su última obra se remonta al año 2014, cuando recibió un encargo de la Fundación V Centenario del Nacimiento de Santa Teresa de Jesús para escribir una obra sobre la de Ávila. Como suele pasar a menudo, el proyecto no llegó a cuajar y quedó olvidado en un cajón. Sin embargo, en 2020, en pleno confinamiento, Bezerra tuvo su propio arrebato cuando, según cuenta, se le apareció la santa en el dormitorio y lo condujo, como a un sonámbulo, hasta el cajón en el que yacía el texto, una obra descuartizada, desmembrada como su protagonista, y sin finalizar. Hincó Paco las rodillas en el suelo y, parte a parte, se puso a recomponer el texto como si fuese el mismísimo cuerpo de Teresa.

Tanto el título como el subtítulo de la obra destierran cualquier duda sobre la identidad del personaje central. Sin embargo, la primera acotación, típicamente bezerriana, da cabida a un sinfín de posibilidades: "Una mujer, de entre quince y sesenta y seis años, se dirige a un auditorio repleto de personas de ambos sexos y distintas edades". A continuación, bajo el enunciado *La noche más larga de la historia* arranca un brillante monólogo donde santa Teresa nos explica que no solo ha resucitado quinientos años después de su muerte, sino que, además, ha tenido que recuperar, una a una, todas las partes de su cuerpo, diseminadas por todo el mundo a modo de reliquias. Los detalles de las ubicaciones en las que se encuentran sus ojos, sus dientes o sus extremidades, aunque verídicos, resultan increíblemente extravagantes y hasta grotescos. Particularmente perturbador se revela el episodio de la mano incorrupta de la abulense que Francisco Franco mantuvo durante cuarenta años en su habitación, y que incluso llegó a formar parte del *equipaje* de sus vacaciones. Tras la muerte del dictador, su viuda, Carmen Polo, se la entregó al arzobispo de Toledo para que este la devolviera a su emplazamiento histórico, el convento de la Merced en Ronda.

En la primera parte de la obra, Bezerra construye, basándose fielmente en los textos de santa Teresa, una ágil biografía de lo que le aconteció hace cinco siglos. Teresa nos cuenta los pormenores de su infancia y su juventud, su entrada en el convento, sus múltiples enfermedades, las primeras revelaciones... Especial mención merece el relato de sus problemas con la Santa Inquisición: además de cuestionar sus visiones e ideas revolucionarias como el voto de humildad, Teresa, de linaje judío, será juzgada por haber tenido la osadía de escribir un libro, algo inaudito en esos momentos, ya que tal ejercicio estaba terminantemente prohibido a las mujeres.

Esta Teresa de Bezerra tiene la capacidad de comparar pasado y presente sin inmutarse. Lo que se le presenta al lector en la primera parte de la obra es una versión muy fidedigna de lo que dejó escrito sobre sí misma y sobre su causa. Su obsesión por crear un lugar "donde los bienes sean comunes y el rango social carezca de importancia; una morada en la que se respete la clausura y se renuncie a la riqueza; un convento pobre y dedicado a la oración" se erige como su proyecto vital. Una Teresa, la santa y la de Bezerra, cuyo cuerpo es "un arsenal de enfermedades", pero cuyo espíritu siempre se sobrepone a cualquier *incidencia* terreno-corporal.

Una vez reconstruido su cuerpo, la literatura es el primer y casi único vínculo mediante el que Teresa consigue conectar la que es hoy con aquella que fue ayer. Su cuerpo, solo y perdido, resucitado, únicamente logra recordar unos cuantos versos sueltos que no llegan a formar un poema. Esos versos son un "grupo de palabras" que, poco a poco, le permitirán hilvanar su pasado hasta descubrir su identidad. A partir de que tiene un cuerpo y conoce su historia, solo le falta averiguar la razón por la que ha sido devuelta a la vida. Pero ¿cuál es su misión?

Los avatares de la vida contemporánea de la Teresa de Bezerra son los que, a diario, afectan en nuestra sociedad a las personas sin recursos. Sin embargo, a través de internet, se entera del impacto y el alcance que ha llegado a tener su figura en todo el mundo. Para su sorpresa, hay algo mucho más valioso que lo que logró hacer en vida: ¡lo que ha logrado una vez muerta! El resultado es explosivo: Hoy, Teresa es una puta, pero también una santa; es una yonqui, pero también una mística; es una indigente indocumentada, pero, a la vez, una superestrella mundialmente conocida.

El planteamiento de Bezerra resulta muy arriesgado por razones obvias: dramatiza lo que pudiera acontecer si una desamparada

Teresa, ateniéndose a los férreos dogmas que siempre abrazó, se presentara de pronto en la España de hoy. Estemos o no dispuestos a aceptar nuestra decadencia social, todos sabemos lo que ocurriría si una mujer sin relevancia económica o social apareciese indocumentada y sola en el Madrid actual. Por eso es importante la idea de la *reedificación* de su cuerpo, de la recreación de un ser integrado por reliquias, que tiene que ir encajando sus piezas. Tal y como hacen los cíborgs, la Teresa de Bezerra actúa a dos niveles, es un tapiz de dos realidades –la del siglo dieciséis y la del presente– que nos permite observar las capas de la historia que se han ido sedimentando a partir de un cuerpo que resurge ensamblado como si fuera el de un *terminator*. Por otra parte, su proceso de acoplamiento nos informa de la realidad que la construyó, pero también de la realidad que la destrozó. De ahí que la santa Teresa de Bezerra sea deliberadamente corrupta, ya que nos obliga a considerar qué le ocurriría a una mujer como ella si se atreviera a poner en práctica, hoy, la palabra de hace quinientos años. De esta manera, el dramaturgo nos enfrenta al mito tejido a partir de Teresa, y, en especial, a la metamorfosis semántica mediante la que transformaron a Teresa de Cepeda y Ahumada en santa Teresa de Jesús; una transición que empezó a fraguarse a partir del siglo diecisiete y que resulta evidente tras la lectura del *Libro de la vida* (1564), *Camino de perfección* (1566), *Las moradas* o *El castillo interior* (1577), o de su impresionante epistolario, ya que la imagen que se ha forjado, y nos han transmitido de ella, poco o nada tiene que ver con la realidad.

Lo ideal en un mundo sin estruendos ni ciberanzuelos sería que, después de leer *Muero porque no muero (La vida doble de Teresa)*, los lectores fueran raudos y veloces a encontrarse con sus muchas obras para comprender que la versión dramática que nos presenta el texto de Bezerra en torno a cómo podría sobrevivir la santa en la España actual no es para nada descabellada. Conviene recordar que, en 1538, santa Teresa ya había sido dada por muerta, se había celebrado su funeral y había resucitado a los cuatro días. Según nos cuenta en su *Libro de la vida*, "Teníanme a veces por tan muerta, que hasta la cera me hallé después en los ojos". Si por entonces las revelaciones provenían de sus visiones de Dios y Satanás (esos arrebatos místicos que algunos críticos han atribuido a sus ataques epilépticos y ciclotímicos de paranoia o a la anorexia), la Teresa contemporánea realiza sus viajes interiores drogándose con LSD. Si tal cosa pudiera parecer una exageración del dramaturgo, baste recordar que la Inquisición acusó a la santa de consumir beleño, una hierba con propiedades alucinógenas. Y en *Camino de perfección* ella misma habla con pesar de su pasado: "¡Qué engaño tan grande, válgame Dios, que para querer ser buena me apartaba del bien!". Que cinco siglos más tarde Bezerra la resucite de nuevo y la obligue a deambular por los estratos más bajos de nuestra sociedad no es, pues, tan estrafalario. Para concluir, si alguien se escandaliza con esta posibilidad, le animo a leer los textos de santa Teresa. Entre sus muchas páginas hay pasajes que incomodarán incluso al más agnóstico de los lectores. Su capacidad para embelesar a la Inquisición, para afirmarse como mujer ante una sociedad patriarcal, que prefería verla desaparecer, y una capacidad emprendedora difícil de igualar en su tiempo, son pura dinamita. Bezerra solo nos lo recuerda magistralmente y, con discreción, mete la mano en la llaga de nuestra *ejemplar* sociedad civil.

Anton PUJOL
Profesor asociado al departamento de Lenguas y Estudios Culturales
Universidad de Carolina del Norte, Charlotte, EE. UU.

A José Luis Ramos Romo

Una mujer de entre quince y sesenta y seis años se dirige a un auditorio repleto de personas de ambos sexos y distintas edades.

La noche más larga de la historia

Abandoné la vida en la tierra en la que vino a llamarse "La noche más larga de la historia". Había que poner en orden el tiempo de los hombres con el de los astros y, casualidad o no, el día de mi muerte fue el elegido para cambiar el calendario. Hasta ese momento, la sucesión de los días había estado regida por el almanaque impuesto por Julio César, pero a partir de aquella noche lo sustituyeron por el gregoriano, que es el que se utiliza en la actualidad. Debido a los ajustes que tuvieron que hacerse, los diez días posteriores a la fecha de mi defunción hoy no figuran en ninguna parte, se esfumaron de un plumazo; del mismo modo que, nada más fallecer, mi cuerpo también desapareció. Mi corazón se quedó en el lugar en el que dejó de latir, Alba de Tormes, pero el resto comenzó a diseminarse a lo largo y ancho del planeta a gran velocidad.

El cuerpo infinito

Para que se hagan una idea, al poco tiempo de que la sangre dejara de correr por mis venas, este pie ya había llegado a Roma; este trozo de mandíbula, a Italia; todas estas muelas de aquí atrás, a México; este trozo de clavícula, a Bélgica; los dedos de esta mano, quitando el meñique y el pulgar, a Bruselas, Sevilla y París, y esta mano, la derecha, a Portugal. Eso sí, antes de viajar al país luso se dio un paseo junto a dos carmelitas descalzas por los Estados Unidos de América. La mala fortuna quiso que, al llegar a la aduana, las monjas se encontraran con que tenían que declarar la mano y, al no localizar ningún apartado para "Miembros incorruptos", a una de ellas se le ocurrió la brillante idea de inscribirla en el epígrafe "Conservas y salazones". El resto de mi cuerpo se quedó en Ávila, salvo este ojo derecho y esta mano que ven aquí, que, nada más cercenármela, la metieron dentro de un sobre y, como si fuera un trozo de jamón, la enviaron a Lisboa. De Lisboa viajó a Coímbra, de Coímbra a Valladolid, de Valladolid a Burgos... Y así estuvo dando vueltas hasta que aterrizó en Ronda, donde permaneció estos últimos años. Y digo "permaneció" porque, hace poco, salté los muros de la iglesia de la Merced y volví a hacerme con ella. Era la última parte de mi cuerpo que me quedaba por reconquistar: la mano izquierda. Les juro que todavía hay días en los que me miro al espejo y no me lo creo. No saben lo duro que ha sido llegar hasta aquí. De hecho, si les contara lo que he tenido que hacer para recomponerme, estoy segura de que pensarían que les estoy mintiendo; eso o que me he vuelto loca, una de dos. Y no me sorprendería, ¿saben por qué? Porque mi historia, la historia que hoy vengo a contarles, no es algo que ocurra todos los días.

PRIMERA VIDA

Me llamo Teresa, soy la tercera de diez hermanos y siempre me fascinó la literatura; tanto que, de pequeña, no había momento del día en que no tuviese un libro entre las manos. Mis favoritos: las vidas de santos y las novelas de caballerías. Hasta que, un buen día, una serie de títulos, que hasta la fecha habían estado reservados en exclusiva a una élite de religiosos, comienzan a traducirse a la lengua vulgar. Mi padre los trae a casa y yo los devoro sin sospechar que, de un día para otro, la Iglesia dictaría el *Índice de libros prohibidos* y me vería obligada a abandonar mi habitual distracción.

La orden es clara: Todo aquel que no se deshaga de los títulos que figuran en la lista será ejecutado. Pero yo no me amilano y, lejos de acatar el mandato, me niego a quemar todas aquellas palabras que habían estado alimentando mi espíritu. ¿Por qué tengo que arrojar mis libros a la hoguera? Pero mi madre fallece y, al volver del cementerio tras dar sepultura a sus restos, compruebo que todos los estantes de la biblioteca están vacíos. Acaban de desaparecer las dos cosas que más amaba en el mundo, mi madre y los libros, y mi tristeza es infinita. Tan infinita que no hay noche en la que no me acueste llorando, ni mañana en la que no amanezca muerta de dolor. Hasta que, pasado un tiempo, conozco a un muchacho que me pretende y empiezo a mantener conversaciones con él.

Monja, ni muerta

El muchacho es agradable y lo pasamos bien juntos, pero, a diferencia de las demás chicas, el matrimonio es algo que no termina de entrar en mis planes. Un día, mi padre me pregunta por el mozo en cuestión y mi respuesta es categórica: "Antes muerta que casada con un hombre". El pobre, al oír aquellas palabras, se escandaliza tanto que me ingresa en las agustinas. Las agustinas es un sitio en el que, básicamente, te enseñan a coser y a esperar. El casamiento sigue sin atraerme y yo hago como que coso, pero me niego a esperar a nadie. Ya no soy una niña, he conocido los placeres del mundo y mi único deseo es ponerme vestidos bonitos y salir a bailar. Pero monja no, por favor, ¡monja, ni muerta! Hasta que llega el momento en el que tengo que elegir y me decanto por el convento; contra la firme voluntad de mi padre, pero elijo el convento. Y lo elijo no porque haya sentido la llamada de Dios, sino porque el matrimonio me parece una esclavitud y la sumisión que aguarda a las mujeres después del casamiento, algo indigno y deplorable. La prueba está en todos esos hombres que no solo acaban con el alma de sus esposas, sino que también acaban con su vida. Con lo que, una mañana, con las claras del día y sin que nadie me vea, huyo hasta las puertas de la Encarnación. Y ahí, nada más ponerme la túnica, me sobreviene una extraña enfermedad que me postra en la cama durante más de tres años.

Arsenal de enfermedades

Como si estuviese tendida sobre una alfombra de brasas, se me erizan los nervios, no paro de moverme y grito desconsolada de dolor. Mi padre estaba en lo cierto: por no haber querido casarme con un hombre, he echado a perder mi salud. Llevo dos años sin poder comer ni beber con mis propias manos y padezco tantas dolencias que me he convertido en un arsenal de enfermedades. Una tarde, ya reducida a un saco de huesos, me toman el pulso y me dan por muerta: he dejado de respirar. Y, acto seguido, me sellan los ojos y empiezan a cavar mi tumba.

Jardín interior

Una de las velas que ilumina la estancia prende fuego a las sábanas por accidente, el humo se me empieza a meter por la nariz y, de golpe, recobro el conocimiento. Tengo la garganta seca, los ojos llenos de cera y la lengua hecha pedazos de habérmela mordido. Nadie sabe qué me ha podido ocurrir, pero lo primero que sale de mis labios es que quiero volver a la Encarnación. Una vez más, mi padre trata de convencerme para que me case con aquel muchacho, pero yo me vuelvo a negar y no cejo en mi empeño hasta que consigo verme de nuevo a salvo entre los muros del convento. Lo que me espera son tres años en la enfermería, otra vez tendida en una cama; tres años en los que, si no es porque uno de mis tíos me regala un libro, que había conseguido salvar de la hoguera, no sé qué hubiese sido de mí. Gracias a todas aquellas palabras, que me llenaron tan profundamente, una tarde consigo levantarme de la cama y retomar mi vida dentro del Carmelo. Pero, al llegar a mi dormitorio, más que una celda lo que me encuentro es un apartamento de lujo: dos habitaciones separadas, con unas vistas preciosas, que dan a un jardín interior.

Vida y costumbres

El monasterio está repleto de las hijas de las casas aristocráticas más importantes de Castilla. Yo, al principio, no le doy importancia, pero, a medida que van pasando los días, no puedo sino empezar a reparar en el estilo de vida que llevan las monjas dentro y fuera del convento. Yo no lo sabía, pero se pueden mantener vínculos con personas del exterior. Está permitido, incluso, pasar una noche fuera y volver al día siguiente. Un calvario que me toca padecer, ya que el muchacho del que había huido, para no tener que casarme, se entera de mi paradero y me empieza a visitar. A mí no me hace ninguna gracia y me quejo a la superiora, pero estoy obligada a relacionarme con él. "Las rentas son necesarias, y hay que hacerlo por el bien del monasterio", me dice. Nada más volver a mi hermoso apartamento con jardín, me desnudo de pies a cabeza, me tumbo boca abajo sobre el suelo y cierro los ojos con fuerza hasta que tengo una revelación.

Primera revelación

Un laboratorio dedicado al recogimiento donde los bienes sean comunes y el rango social carezca de importancia; una morada en la que se respete la clausura y se renuncie a la riqueza; un convento pobre y dedicado a la oración. Ni cantina ni hospedería: meditación, vida contemplativa y trabajo, mucho trabajo; la casa del rezo y la perseverancia; un templo que, más que templo, sea llama que alumbre al resto del mundo. Sí, Teresa, has de caminar hasta el precipicio, detenerte al borde del acantilado y saltar, saltar sin miedo, porque el miedo es el demonio y tu única obligación, reformar la orden. Aunque muchos te vean como una amenaza y te conviertas en un peligro, pero lo harás: te darás a conocer como Teresa de Jesús y privarás de privilegios a todo aquel que no los merezca.

Enemigo público

Pero es volver a la Encarnación y descubrir que las monjas, atrincheradas, piden mi ingreso en la cárcel: saben que tengo la intención de devolverlas a la austeridad y todas se niegan a cambiar de vida. Y no solo las monjas; la orden también desconfía de mí. Estoy bajo sospecha porque no paro de hablar de los méritos de la oración y, sin embargo, gasto muchas horas al día en conversaciones mundanas; porque impongo a todo el mundo voto de obediencia, pero no consiento que nadie me diga lo que tengo que hacer, y porque aseguro tener vocación cuando, en realidad, me puse el hábito para evitar que me casaran con un hombre.

Teresa contra la Inquisición

Sí, puede que en eso lleven razón; puede que la clausura haya sido un invento para escapar de las garras de los varones, pero es que no entiendo por qué a las mujeres no se nos permite, ni aun metiéndonos a monjas, librarnos del yugo de los machos. ¿Por qué tienen que estar determinadas nuestras vidas por el deseo masculino? ¿Dónde está escrito eso? Y, hablando de escritos: sí, lo de escribir un libro reconozco que ha sido un atrevimiento por mi parte. Me consta que a las mujeres no nos está permitido ser cultas, pero es que mi confesor me pidió que lo hiciera y a mí, como comprenderán, me faltó valor para llevarle la contraria. Ahora, si me preguntan acerca de cómo hace Dios para aparecérseme, en eso no les puedo ayudar, pero les aseguro que es como ver una luz que no tiene noche, que nada la turba y que siempre es luz; una blancura suave y difuminada; un brillo que supone un deleite grandísimo para la vista y que produce un inmenso placer. No sabría cómo explicarlo, pero es lo contrario a contemplar el agua turbia y nublada que corre por la tierra; es estampa viva y nunca hombre muerto; es... un relámpago que estalla en medio de la noche, tan majestuoso y sobrecogedor... que nadie que lo viese se atrevería a dudar de su procedencia. Eso sí, cada vez que me abandona, por más que desee volver a verlo, soy incapaz de evocarlo; pues, si pudiera, se trataría de un caso de imaginación y no de verdadera presencia. De esto es de lo que hablo en el libro: examino mi experiencia, la anoto y doy fe de ella. Para algunos se trata de una autobiografía, para otros es una invitación al recogimiento y a la oración interna, pero yo diría que, sobre todo, es un manual; una guía sobre cómo cualquier persona, hombre o mujer, puede llegar a adquirir la mayor de las autonomías posibles, que no es otra que la capacidad de pensar por sí mismo y sin que nadie lo dirija. El problema es que a ustedes, los inquisidores, nunca les ha convenido que el pueblo tenga potestad orante, porque su miedo no está en la fuerza física de la gente a la que manipulan, el miedo de ustedes se encuentra en la expansión y el desarrollo de su inteligencia. Por eso he reformado el Carmelo y he dividido la Iglesia, porque creo que el correcto orden mental no es solo cosa de hombres. La que quiera hilar, que hile, y la que quiera coser, que cosa —porque coser no es pecado ninguno—, pero que sepa que la vida es algo más que andar entre ovillos y alfileres; que sepa que la vida, sobre todo, es reflexionar y hacerse preguntas. ¿Y saben por qué? Porque dentro de todas y cada una de las personas existe un castillo hecho enteramente de diamante, una fortaleza con numerosas habitaciones y un salón principal; y ahí, en ese salón, es donde se resuelven todos los misterios. Nuestras manos, nuestros ojos y todo lo que nos conforma son simples trampas; engaños que nos entretienen y desvían de lo esencial. Por eso, mis monjas y yo huimos del mundo y de todo lo que nos impide llegar a preguntarnos: ¿quién habita realmente dentro de nosotras? Y la forma en la que lo hacemos es a través de la oración. Pero no de la que se recita en alto, sino a través de la interior. Porque el que no advierte con quién habla cuando reza, el que no sabe lo que pide y cómo lo pide, el que dice lo que se le va viniendo a la punta de la lengua, por mucho que menee los labios y gaste saliva, ese ni ora ni reza ni hace nada parecido. Repetir sin saber lo que se está repitiendo, eso no lo tengo yo por oración. Y ahí reside el problema: en que a ustedes, los inquisidores, nunca les ha interesado que la gente se conozca, y mucho menos que esa misma gente llegue a preguntarse quién es y qué ha venido a hacer a este mundo. A ustedes lo único que les ha interesado es que el pueblo siga a pie juntillas la palabra escrita y no se salga de los márgenes; porque saben que una sociedad que consigue orar por sí misma es una sociedad dueña de su pensamiento; pero, ante todo, saben que una sociedad que puede orar por sí misma ya no necesita del magisterio superior de nadie para sacar sus propias conclusiones. De eso es de lo que tienen miedo. De que si personas como yo hemos sido capaces de llegar a plantearnos de forma autónoma cuestiones sobre el sentido de Dios, ¿por qué no podríamos plantearnos de igual modo cuestiones sobre el sentido de nuestra propia vida? Entre las muchas maneras que han existido de dirigir la voluntad de las personas, la más habitual ha sido la de conducir su pensamiento; esa y condenar su capacidad de soñar otras realidades. En lo de limitar los sueños de las personas, el Santo Oficio ha sido siempre especialista. De lo contrario, ¿por qué habrían de temer tanto a un grupo de mujeres? Díganme: ¿qué piensan que podríamos estar haciendo mis monjas y yo encerradas en el convento? Sé que no se me acusa de haber escrito un libro, ni de tener ascendencia judía, ni siquiera de ser una alumbrada; se me acusa de haber tenido la osadía de enseñarle a la gente lo que significa la palabra libertad. Y es que ustedes, los inquisidores, siempre han tenido una cosa muy clara: que para que el pueblo siga siendo pobre de verdad, no basta con que lo sea económicamente; para que siga siendo pobre de verdad, el pueblo, sobre todo, ha de ser pobre de espíritu, porque la verdadera pobreza no es la pobreza del bolsillo, la verdadera pobreza es la pobreza del alma, y la forma más eficaz de perpetuarla es limitando el conocimiento. De ahí el empeño de ustedes en castigar a todo aquel que ose acercarse a cualquier tipo de ilustración.

El Santo Oficio

La Santa Inquisición era una institución que, básicamente, te invitaba a sospechar del vecino. Las acusaciones, verdaderas o falsas, anónimas o no, eran todas bienvenidas; con lo que, una vez hecha la denuncia, se abría un nuevo caso y los inquisidores comenzaban a investigar a la persona en cuestión. El resultado ya se lo pueden imaginar: miles de chismorreos y juicios públicos en las plazas de todos los pueblos y ciudades. Muy parecido a lo que sucede hoy en día en la televisión. Me refiero a todos esos programas en los que, sentados frente a un grupo de periodistas con ínfulas de jueces, algunas personas tienen que defenderse de difamaciones y calumnias. De ahí el temor de los españoles a sacar la cabeza por encima del resto. Piénsenlo. Si no, ¿a qué tantos escrúpulos a la hora de ponernos en el punto de mira? Si no, ¿por qué ese perenne repudio del crecimiento personal? Y es que, en este país, se puede triunfar, claro que se puede triunfar, pero a sabiendas de que todo buen español que se precie nace con una escopeta cargada debajo del brazo. Por eso, en este país, mostrar talento es poco menos que un suicidio, ya que, lejos de envidiar sanamente a la persona que brilla, el español la desprecia con toda su alma; pero no por la luz que desprende, sino por tener la osadía de destacar, a pesar de saber que hay millones de cañones apuntándole por la espalda.

Plegarias atendidas

Pero la Inquisición no me condena; me deja libre. Eso sí, me tiene controlada y no para de seguirme los pasos, porque sabe que en Castilla se han empezado a contar cientos de historias sobre mí y mi sola presencia provoca irritación en la gente. Pero a mí no me importa y yo sigo a lo mío, que es fundar conventos para seguir aislando a mis mujeres de los hombres. De Ávila a Medina del Campo, de Medina del Campo a Malagón, de Malagón a Valladolid, de Valladolid a Toledo, de Toledo a Pastrana, de Pastrana a Salamanca, de Salamanca a Alba de Tormes, de Alba de Tormes a Segovia y de Segovia a Beas del Segura, en donde, de repente, caigo en la cuenta de que ya no soy una niña. He cumplido sesenta años y es evidente que no puedo seguir sola con todo. He vuelto a caer enferma. Menos mal que, en ese momento, tengo la grandísima fortuna de conocer al padre Gracián: un hombre de mundo y Carmelita descalzo, que era lo que venía buscando desde hacía un tiempo. Mis plegarias, por fin, han sido atendidas y no puedo estar más feliz. Pero esa felicidad dura poco, ya que, a las pocas semanas de conocer al padre Gracián, me prohíben seguir escribiendo, me prohíben seguir fundando y me prohíben hacer acto de presencia en un buen número de lugares públicos. Me he convertido en una *persona non grata* y, como consecuencia, no soy bienvenida en muchas partes. Dicen que he provocado una guerra. Y lo cierto es que no les falta razón.

El río de mi vida

Los cuatro años siguientes los paso, enferma, en Ávila, de cara al río Tormes, el caudal que me vio nacer y que, en breve, será también testigo de mi muerte. Pero lo peor no es eso, lo peor es que, justo cuando más falta me hace, el padre Gracián no responde a mis cartas y dejo de tener noticias de él. ¿El motivo? Nunca lo supe, ya que, al poco de mandarle una última misiva, una fiebre incontrolable se apodera de mí y desencadena mi muerte.

Fin de la primera parte

Lo que viene a continuación ya lo conocen, se lo conté al inicio de nuestro encuentro: el padre Gracián, que nunca vino a visitarme mientras estuve enferma, se personó veloz ante de mi cadáver y convirtió mi funeral en una carnicería. Me colgó de un gancho boca abajo y, con una sierra, comenzó a descuartizarme como si fuera un cerdo. Luego me despachó en porciones que fue metiendo en paquetes, y me distribuyó por todo el planeta. Los lugares en los que acabé también los conocen. En realidad, ya lo saben todo sobre mí. Bueno, todo menos la manera en la que, cinco siglos más tarde, volví a este mundo por segunda vez.

Segunda vida

El día que aparecí de nuevo en la tierra, yo solo sabía dos cosas: que estaba sola y perdida. Hasta que una tarde, por casualidad, pasé por delante de un espejo y pude comprobar que, además de sola y perdida, también estaba incompleta. Tan incompleta que podría decirse que yo, en mí misma, apenas era aire a mi alrededor. Y es que, a diferencia de Cristo resucitado, yo no tuve a mano un cuerpo en el que encarnarme; yo lo único que tuve fue mucho miedo y un montón de preguntas sin respuesta: ¿Quién era realmente?, ¿dónde estaba mi cuerpo?, y ¿por qué razón era incapaz de recordar nada? Hasta que, una noche, en ese estarme interrogando continuamente, vino a visitarme, para mi sorpresa, un ejército de palabras.

Mi cadáver

"¡Ay, qué larga es esta vida! / ¡Qué duros estos destierros, / esta cárcel, estos hierros / en que el alma está metida!" ¿Qué era aquello y de dónde procedían aquellas frases? "No tengo la menor idea", pensé. Y, a los pocos segundos, me puse a otra cosa. Al cabo de unos días, volvió a ocurrirme lo mismo. Me asaltó otro grupo de palabras, que ya no eran las de la vez anterior: "Vivo sin vivir en mí,/y tan alta vida espero,/que muero porque no muero." Así durante semanas, hasta que, entre todos esos versos, terminó apareciendo un nombre: *Teresa de Jesús*. Y a partir de ahí, desde lo más profundo de mi conciencia, los recuerdos comenzaron a brotar en mi mente: el convento de la Encarnación, el bueno de mi padre, aquel chico que me pretendía, el Santo Oficio, mi larga enfermedad... La primera incógnita estaba resuelta. Por fin sabía quién era y de dónde venía. Ahora solo quedaba averiguar qué hacía en este mundo, por segunda vez, y dónde se encontraba mi cuerpo. Se me ocurrió, entonces, visitar los fondos de varias bibliotecas y empezar a investigar a partir de ahí. Pero lo que me revelaron aquellos ríos de tinta fue algo que en ningún caso habría llegado a imaginarme: Roma, Toledo, Amberes, Gante, Sevilla, Valladolid, México, Málaga, Lisboa, París, Sanlúcar de Barrameda... ¿Cómo era posible estar en tantos sitios a la vez? Entonces seguí investigando hasta que descubrí la razón: mi cadáver no era un cadáver cualquiera; mi cadáver era el cadáver de una santa, y eso convertía cada centímetro de mi cuerpo en una reliquia. ¿Saben en cuánto se estima el valor de una de mis costillas, cuánto vale mi ojo derecho o este dedo de aquí? Es incalculable. No tienen precio. Y, si lo tuvieran, sería tan desorbitado que nadie lo podría pagar. Y es comprensible, porque, después de llevar cinco siglos descuartizada, miren el estado en el que me encuentro. Nadie se atrevería a decir que tengo más de quinientos años, ¿verdad?

EN BUSCA DEL CUERPO PERDIDO

Les aseguro que no soy ninguna tarada y que todo lo que les estoy contando es absolutamente cierto. Aunque, por otro lado, tampoco tengo forma de demostrarlo. Porque, al tiempo que fui reconstruyéndome, pedazo a pedazo, deposité réplicas exactas en cada lugar, para que la alarma por la desaparición de, por ejemplo, varias de mis uñas, no dificultara la posterior recuperación de mi nariz. Esta es la razón por la que, a día de hoy, nadie alberga la más mínima sospecha acerca de ninguna de las profanaciones que he llevado a cabo —si es que profanarse a una misma es posible—. ¿Pero qué hacer una vez hube recuperado mis brazos y mis piernas, mis dientes y mis labios, mi cabeza y mi corazón? ¿Hacia dónde encaminarme y qué pasos seguir? Y sucedió que, al tiempo que me hacía estas preguntas, de repente oí un ruido, y, tras el ruido, sentí una presencia luminosa a mis espaldas.

Una señal

Era un señor de unos cincuenta años que, al verme caminar sola por la carretera, paró para, muy amablemente, invitarme a subir a su camión. El camionero, un hombre del sur, transportaba verduras, de regreso a su lugar de origen. Durante el trayecto, me habló de su trabajo, de su perro y de su esposa; por este orden, y en ningún caso de forma positiva. Al contrario, todo fueron quejas, centradas, básicamente, en las malas decisiones que había ido tomando a lo largo de la vida. Yo estaba agotada y lo que quería era dormir, pero al hombre mi silencio no pareció incomodarle. De hecho, nunca me pidió que abriera la boca hasta que, cuando quedaba poco para llegar a Madrid, se sacó una navaja del bolsillo y me la colocó a la altura de la garganta.

Primeros pasos

Descalza y totalmente desorientada me detuve en el portal de un edificio que, por su aspecto, me pareció abandonado, busqué un rincón y me eché a dormir. Cuando desperté, estaba llena de moratones y me sangraba la entrepierna. Al observar el modo en que, muslo abajo, se deslizaba la sangre, primero pensé en Dios y, luego, en lo que me había ocurrido en el interior de aquella camioneta. ¿De qué me había servido recuperar mi cuerpo?, me pregunté. Y, al segundo, me sonaron las tripas. "¿Cuántos siglos llevo sin probar bocado?". Salí entonces del edificio y me puse a caminar hasta que vi una especie de contenedor. No era muy grande, pero a su alrededor había un grupo de gatos que no paraba de maullar. Me acerqué hasta donde estaban, levanté la tapa y, juntos, devoramos como fieras todo lo que había dentro.

Basura

La comida de la basura no está mal. En ocasiones, y dependiendo del tiempo que haga que la hayan tirado, puede tener un sabor algo ácido, pero, como todo en la vida, hay que saber dónde dirigirse para encontrar lo que uno necesita. Es evidente que hay contenedores y contenedores; y que no es lo mismo esta papelera de aquí que aquella otra de allá; como no es lo mismo una boca de metro importante que una de un barrio de las afueras. Por eso decido asentarme en la Plaza Mayor. Los primeros días no consigo gran cosa, pero empiezo a relacionarme con otros pordioseros, que llevan tiempo en la calle, y con ellos aprendo a moverme en el mundo de la mendicidad. Pronto conozco a un muchacho, que duerme un par de arcos a la derecha, y terminamos haciéndonos amigos. Al caer la tarde, reunimos todas las limosnas que hemos ido recolectando a lo largo del día y, juntos, vamos al súper a hacer la compra. La compra se limita a dos latas de sardinas y varios cartones de vino. Y es que, para llegar a ser un mendigo, de los de verdad, lo primero que hay que hacer es perderle el respeto a la bebida. La terrible futilidad de la existencia es mucho más llevadera junto a un cartón de vino; y lo es porque, al tiempo que te protege de la inclemente mirada de los que pasean por la calle, el vino te ayuda a coger temperatura y, lo que es más importante, te hace compañía. El vino llega a hacerte tanta compañía que, antes o después, terminas cayendo en la cuenta de que apenas necesitas más para sobrevivir. Y ahí es cuando una empieza a prescindir de todo lo que le rodea para invertir la totalidad de su capital en el líquido elemento. Vino para desayunar, vino para merendar y vino para dormir; vino para reír y vino para llorar; vino cada vez que se presente... Y si hay un poco de heroína, mejor que mejor.

Una temporada en el infierno

Al principio, la fumo en papel de plata, pero el aluminio deja en la boca un sabor metálico muy desagradable, y directamente paso a inyectármela en vena. El problema es que, a medida que me voy picando, los vasos sanguíneos se vuelven cada vez menos visibles y la cosa se complica. Empiezo, entonces, a probar suerte con otras partes del cuerpo, zonas vírgenes y con las que me pongo a experimentar. Pero vuelve a ocurrirme lo mismo: de tanto inyectarme, las venas se bloquean y el procedimiento se hace cada vez más engorroso, por lo que termino buscando la ayuda de otros para pincharme donde no alcanzo. Para que alguien te inyecte, la regla es sencilla: o compartes tus drogas o tienes que pagar. Pero el mínimo a compartir es mucho para mi bolsillo. Y ahí es cuando se me ocurre ponerle precio a mi cuerpo. El problema es que las personas que pueden llegar a requerir los servicios sexuales de una yonqui son otros yonquis que, al igual que tú, nunca llevan más de cincuenta céntimos encima. En cualquier caso, es lo que hay y no me quejo. De la Plaza Mayor me mudo a un polígono de las afueras y allí, junto a un grupo de prostitutas, me instalo en una especie de chabola.

El polígono

La chabola es pequeña, pero hay un colchón, un infernillo —para calentar algo de comida— y un aseo sin ducha, pero con un váter. Mi aspecto deja mucho que desear, y soy consciente de que hay chicas mucho más atractivas que yo, pero no le doy mayor importancia. Hasta que veo que cada vez tengo menos clientes y salir adelante se me empieza a hacer cuesta arriba. Una tarde, en la que no soy capaz de conseguir ni una sola moneda, un tipo me ofrece tres euros y acepto a la primera. Sé que de cinco euros no se puede bajar, porque es una ley de la chabola, pero estoy tan desesperada que acepto el dinero sin pensármelo dos veces. Mis compañeras terminan enterándose y, a la que regreso, me pegan una paliza entre todas y me dejan molida en el suelo. Intento buscarme otra chabola, pero es difícil, porque se ha corrido la voz y ninguna puta del poblado me quiere. Está a punto de amanecer, casi no me quedan fuerzas y estoy helada de frío. Agarro cuatro cartones, me meto debajo de un puente y me echo a descansar.

Zombi

Cuando despierto, intento ponerme de pie, pero no puedo. A cada paso que doy, me derrumbo. La respiración se me entrecorta, intento pedir ayuda, pero la gente, en cuanto me ve, sale corriendo. Las rodillas se me doblan, estoy mareada y el corazón me late a toda velocidad. Por si fuera poco, no paran de darme arcadas y termino vomitándome encima. Soy un muerto viviente. Estoy llena de calambres y creo que voy a desmayarme. Me apoyo en una pared, que resulta ser el escaparate de una tienda, y, al otro lado del cristal, veo a alguien que me recuerda mucho a mí. Al principio, creo es un efecto del cristal, que me devuelve mi imagen, pero enseguida me doy cuenta de que no se trata de un reflejo: lo que hay al otro lado del escaparate es un póster con mi cara, un cartel con un retrato de mí misma y un rótulo al pie en el que pone: "Conmemoración del Quinto Centenario del Nacimiento de Santa Teresa. Programa completo de actividades en la web".

Certificado de garantía

Si tecleas mi nombre en Google, te salen, en menos de un segundo, más de setenta millones de resultados. Películas, cuadros, canciones, biografías, tazas, exposiciones, camisetas, conferencias... Yo sabía que, en vida, había sido importante, lo que no sabía es que, después de muerta, lo era todavía más. Traducida a todos los idiomas del mundo, además de santa soy primera autora de la España moderna, precursora del Siglo de Oro español, doctora *honoris causa*, autoridad de la lengua, capitana de todos los reinos de España y cumbre de la mística experimental. Existe, incluso, un postre que lleva mi nombre, y que está que te mueres de rico. ¿Saben cómo se llama? Yemas de Santa Teresa. Son unas bolitas de yema de huevo cubiertas de azúcar glas. Miren, aquí tengo una caja, por si les apetece probarlas. Están hechas a mano. Lo pone aquí: "Certificado de garantía. Las auténticas y originales Yemas de Santa Teresa". Bueno, lo que les venía diciendo: que soy una pionera, una avanzada y, sobre todo, un referente; ya que, además de "muestra sobresaliente y excepcional de la pujanza y el brío de nuestra cultura", soy "patrona de todos y cada uno de los escritores de este país". Pero ¿qué se supone que tiene que hacer una patrona y cuál es su tarea? Auspiciar y proteger. De acuerdo. Pero... auspiciar y proteger, ¿de qué manera? Y ante todo, ¿de qué o de quién? ¿Dónde está el enemigo?

Escribir en España

Me pongo a investigar acerca de la situación de los autores en España y descubro lo siguiente: "En la actualidad, un ochenta y cinco por ciento de los escritores patrios malvive en la miseria, mientras que tan solo un quince por ciento consigue vivir de su trabajo". Hay que destacar que, de ese quince por ciento, dos terceras partes están compuestas por hombres y una tercera por mujeres. Esto quiere decir que solo un cinco por ciento de las escritoras españolas consigue vivir de la literatura. Pero lo más escandaloso no es eso, lo más escandaloso es que descubro que nunca antes la cifra había sido tan favorable: y que, en toda la historia de este país, es la primera vez que un número tan elevado de mujeres consigue vivir de las letras. ¿Cuánto ha evolucionado la calidad de vida de las escritoras españolas desde que llevo muerta? La respuesta es abrumadora: un uno por ciento por cada siglo. Y ahí es cuando recuerdo una frase que había leído recientemente, de un escritor de apellido Larra: "Escribir en España es llorar". A lo que otro escritor de apellido Cernuda añadiría años después: "Escribir en España no es llorar, escribir en España es morir". Y pienso: "Teresa, toda superheroína necesita un traje en el que enfundarse, y tú ya conseguiste el tuyo; ahora solo te falta una misión, que bien podría ser esta que se te acaba de presentar". Salgo disparada como una flecha del cibercafé en el que estoy, me voy a El Corte Inglés y robo un bote de espray para, a continuación, dirigirme hasta el órgano constitucional que representa a todos los españoles: el Congreso de los Diputados. Espray en mano, pinto en la fachada: "Escribir en España no es llorar, escribir en España es morir". Firmado: "Larra y Cernuda". Acto seguido, me subo a lomos de uno de los leones que custodian la entrada del Congreso y comienzo a gritar, uno por uno, los nombres y apellidos de todas y cada una de las autoras olvidadas de este país:

Cristobalina Fernández de Alarcón
Ana Caro
María de Zayas
Juliana Morell
Marcela del Carpio
María Rosa de Gálvez
Gertrudis Gómez de Avellaneda
Carolina Coronado
Concepción Arenal
María Mendoza
Rosario de Acuña
Sofía Casanova
Carmen de Burgos
Concha Espina
María de la O Lejárraga
María de Maeztu
Zenobia Camprubí
Clara Campoamor
Margarita Nelken
Concha Méndez

Rosa Chacel
Ernestina de Champourcín
Josefina de la Torre
Luisa Carnés
Federica Montseny
Carmen Conde
Alfonsa de la Torre
Ángela Figuera
Julia Uceda
María Victoria Atencia

Y nada más pronunciar este el último nombre, María Victoria Atencia, unos tipos me agarran por la espalda, me esposan y me llevan a comisaría.

Pena máxima

En comisaría le digo a todo el mundo la verdad, que soy santa Teresa de Jesús, pero nadie me cree. Me leen mis derechos, me meten en un calabozo y, a la mañana siguiente, me trasladan hasta una especie de pabellón, un lugar vallado y lleno de vigilancia, en donde me dejan junto a otras internas; reclusas que, según me informan, se encuentran en la misma situación que yo: mujeres drogodependientes y sin papeles con trastornos psiquiátricos. La propia Policía solicita una pena de seis años de cárcel por desorden público, resistencia a la autoridad y un delito contra los derechos fundamentales. Por su parte, la Fiscalía pide solo nueve meses de cárcel y una multa de mil ochocientos euros, puesto que actué con el objetivo de restaurar la dignidad de las escritoras de España, ciudadanas ejemplares que constituyen los verdaderos cimientos sobre los que se sostiene, respira y se eleva este país. Pero los policías argumentan que, cuando las fuerzas de seguridad intentaron bajarme del león, yo mostré "una actitud hostil, lanzando patadas y escupitajos a los agentes". Y, al final, me imponen la pena máxima.

El pabellón

La vida en el pabellón es rutinaria y bastante aburrida. De no ser porque hay una biblioteca, de la que no salgo, no sé qué hubiese sido de mí. La biblioteca casi siempre está cerrada, entre otros motivos porque en el pabellón hay poco personal, y salvo el conserje y los cocineros, que se dedican en exclusiva a lo suyo, los demás empleados tienen varios cometidos y casi no dan abasto. Por ejemplo, Eduardo, el celador, hace también las veces de conserje; Catalina, una de las limpiadoras, organiza las actividades del gimnasio, y Aurora, la responsable de la enfermería, se encarga de la morgue, a la vez que se ocupa de la biblioteca. Para que se hagan una idea, Aurora me saca varias cabezas, pesa doscientos kilos más que yo y tiene un corazón que no le cabe en el pecho. Cada vez que muere una reclusa, es ella quien la mete en la caja y, luego, la entierra en un pequeño cementerio que hay a escasos kilómetros del recinto en el que estamos. La cosa es que, al ser todas ilegales y no tener familia ni papeles, los entierros no incluyen duelos ni despedidas. Aurora mete el cadáver dentro del féretro y, al día siguiente, lo entierra cuando le parece oportuno. Aurora tiene una hija enferma de leucemia y es raro el día que no me habla de ella. Porque la consuela, dice. Y porque tiene la certeza de que a su hija le queda muy poco tiempo de vida. Aurora y yo pasamos tanto tiempo juntas que, un día, por sorpresa, descubrimos que nos hemos hecho amigas; tan amigas que, una mañana, decide que va a dejarme la llave para que entre y salga de la biblioteca con total libertad.

La biblioteca

En la biblioteca, devoro todo lo que hay, desde tebeos a libros de historia del arte, pasando por enciclopedias y películas en DVD. ¿Puede haber algo más maravilloso que el cine? No lo sé, pero, si pudiera, me haría directora. Sí, me encantaría dirigir mis propias películas. ¿De qué irían? ¿Y si adaptara mis textos a un guion cinematográfico? ¿Se imaginan? *El castillo interior*, una película de Teresa de Jesús. ¿Iría la gente a verla? No lo sé, pero me refugio tanto en el cine y en la vida de todos esos personajes que, una vez más, vuelvo a olvidarme de quién soy. Hasta que, una tarde, cuando estoy casi a punto de acabar con los fondos de la biblioteca, me fijo en la sección de documentales. Y cuál es mi sorpresa cuando, de repente, ¡me topo con una cinta en la que se habla de mí! O, mejor dicho, ¡en la que se habla de mi mano! En concreto, de esta que ven aquí: mi mano izquierda.

El general y yo

Según cuenta el documental, un tal general Franco reclamó mi mano a unas monjas de Ronda. Al parecer la necesitaba porque estaba convencido de que esa mano le ayudaría en la correcta guía y gobierno del país. Llegó a tal punto su obsesión que terminó llevándosela con él, a modo de talismán, cuando lo consideraba necesario. Es decir, si el general se establecía en El Pardo, a El Pardo que se iba mi mano; si el general se trasladaba al Pazo de Meirás, mi mano se iba detrás, y si al general se le antojaba pescar el salmón, al salmón que me iba yo. Con decirles que hasta mandó instalar una urna en la guantera del coche para que, cada vez que viajaba, mi mano fuera con él... Pues eso, que el general y yo, durante un tiempo, fuimos inseparables. Hasta que, un día, el general muere y mi mano se queda en la mesita de noche que hay junto a la cama sobre la que descansa su cadáver. Entierran al general, devuelven mi mano a la ciudad de Ronda y allí se queda hasta que, como les dije al inicio de nuestro encuentro, salto los muros de la Merced, me hago con ella y la acoplo de nuevo a mi muñeca.

La vida es una broma

Sí, esta misma mano, que fue repudiada por la cristiandad, volvió a mí convertida en doctora de la Iglesia; esta misma mano, que hizo voto de pobreza, volvió a mí engalanada de joyas y piedras preciosas; esta misma mano, que fue educada como judía, volvió a mí convertida en Santa de la Raza; esta misma mano, que se opuso al matrimonio, volvió a mí convertida en patrona de la Sección Femenina. ¿En qué me han convertido? ¿De qué sirve escribir un libro si luego nadie lo lee? La vida es una broma. Y nada más terminar de ver aquel documental, algo volvió a iluminarse dentro de mí: un sendero hecho de piedras resplandecientes que conducía hasta una puerta: la puerta del pabellón. "Tienes que salir de este sitio y vértelas de nuevo con el mundo, Teresa. Como sea, pero lo tienes que hacer. Nadie ha entendido una sola de tus palabras. ¡Nadie ha entendido una sola de tus ideas! ¿Por qué, si no, te han erigido como símbolo de todo lo contrario a lo que defendiste? Está claro que no puedes quedarte de brazos cruzados, está claro que tienes que hacer algo". Recordé entonces una de las primeras películas que vi al poco de ingresar en el pabellón, volví a buscarla y se la di a Aurora para que se la llevara a casa y le echara un vistazo.

La última fuga

La película sucede en una prisión, una cárcel en la que hay una reclusa, una presidiaria que, como el resto de las internas, intenta acostumbrarse a la falta de libertad. Un día, la presa conoce al segundo personaje de esta historia: un funcionario que, además de ser el responsable de la enfermería, también es el enterrador del penal. Así va pasando el tiempo hasta que ambos cogen tanta confianza que el funcionario termina contándole sus problemas: su nieta está enferma y necesita una operación urgente. La presa, entonces, le hace una promesa: si la ayuda a escapar de la cárcel, le conseguirá el dinero que necesita para la intervención de su nieta.

"Pero ¿cómo vas a escapar de la prisión sin que nos descubran?", pregunta el carcelero. "Hay una manera", responde la reclusa: "El día en que fallezca la siguiente presa, me meteré dentro del ataúd, junto a su cadáver, y tú nos darás sepultura a las dos. Una vez haya anochecido, volverás al cementerio y me desenterrarás. El oxígeno del féretro será suficiente para aguantar el tiempo necesario. Si me ayudas, te prometo que, una vez fuera, te daré el dinero que necesitas para curar a tu nieta de su enfermedad".

Milagro

"Pero no es dinero lo que mi hija necesita para curarse", me respondió Aurora, en cuanto vio la película, "porque mi hija está tan enferma, Teresa, que lo que necesita es un milagro". A pesar de la confianza que me tenía, Aurora nunca llegó a creerse nada de lo que le había contado acerca de mí. Hasta que, al cabo de un mes —que es el tiempo que tardó en morir una interna—, no le quedó otro remedio que aceptar que todo lo que le había dicho era cierto; pues, cuando llegó ese día, su hija, milagrosamente, no tenía ninguna enfermedad: estaba curada.

Un nuevo camino

Así fue como, al día siguiente, Aurora me desenterró, en mitad de una noche oscura, me abrazó con la fuerza con la que se abraza a quien sabes que nunca volverás a ver y me vio cruzar la puerta del cementerio. Una vez más, estaba sola y perdida. De nuevo, tenía que encontrar mi camino. "Lo más prudente es que empiece a ganarme la vida como una persona normal. Tengo que encontrar un trabajo", pensé. ¿Pero un trabajo de qué tipo? Y se me ocurrió que podía colocarme en una esquina del Rastro y contarle mi historia a todo aquel que estuviera dispuesto a escucharme. Y, oye, a la gente parece que le caí en gracia y aquello me ayudó a salir adelante.

El monólogo

Al principio fue duro, pero, conforme pasaron las semanas y le fui cogiendo el pulso al monólogo, no había domingo en el que no me sacara, mínimo, doscientos euros. La verdad es que, más que un monólogo, lo que hacía era una especie de espectáculo de variedades en el que entremezclaba episodios de mi vida con momentos en los que, por ejemplo, explicaba, título a título, mi trabajo literario. Miren, aquí tengo los libros. ¿Quieren que se lo haga? Presten atención.

Obra

Según los académicos, en mi producción literaria hay seis obras principales. Por un lado, tenemos el *Libro de la vida*, el más fresco y espontáneo, el primero que escribí; un reflejo bastante fiel de mi carácter y personalidad. Luego está *Camino de perfección*, un poco más práctico y especializado, en el que doy consejos para la vida femenina dentro del convento. En tercer lugar, *Las moradas. El castillo interior*, en el que aprovecho para cambiar de registro y pasar a otra etapa, reflexionando acerca de lo que supone convertirse en un ser espiritual. Este es de los mejores, se lo recomiendo. Luego tenemos el *Libro de las Constituciones*, más jurídico y legislativo —estilo y costumbres dentro de la orden religiosa—. Y ya, para concluir, quizá el más particular de todos, el *Libro de las Fundaciones*, claramente mi obra de madurez, en el que mezclo sabiduría popular con sucesos de la época. A todos les tengo un cariño especial, aunque de lo que de verdad me siento orgullosa es de los poemas. Sí, sin lugar a dudas, de toda mi obra, las poesías son las que han terminado haciéndose más virales.

Vivo sin vivir en mí

Vivo sin vivir en mí,
y tan alta vida espero,
que muero porque no muero.

Vivo ya fuera de mí,
después que muero de amor;
porque vivo en el Señor,
que me quiso para sí:
cuando el corazón le di
puso en él este letrero,
que muero porque no muero.

Esta divina prisión,
del amor en que yo vivo,
ha hecho a Dios mi cautivo,
y libre mi corazón;
y causa en mí tal pasión
ver a Dios mi prisionero,
que muero porque no muero.

¡Ay, qué larga es esta vida!
¡Qué duros estos destierros,
esta cárcel, estos hierros
en que el alma está metida!
Solo esperar la salida
me causa dolor tan fiero,
que muero porque no muero.

¡Ay, qué vida tan amarga
do no se goza el Señor!
Porque si es dulce el amor,
no lo es la esperanza larga:
quíteme Dios esta carga,
más pesada que el acero,
que muero porque no muero.

Solo con la confianza
vivo de que he de morir,
porque muriendo el vivir
me asegura mi esperanza;
muerte do el vivir se alcanza,
no te tardes, que te espero,
que muero porque no muero.

Mira que el amor es fuerte;
vida, no me seas molesta,
mira que solo me resta,
para ganarte perderte.
Venga ya la dulce muerte,
el morir venga ligero
que muero porque no muero.

Aquella vida de arriba,
que es la vida verdadera,
hasta que esta vida muera,
no se goza estando viva:
muerte, no me seas esquiva;
viva muriendo primero,
que muero porque no muero.

Vida, ¿qué puedo yo darle
a mi Dios que vive en mí,
si no es el perderte a ti,
para merecer ganarle?
Quiero muriendo alcanzarle,
pues tanto a mi Amado quiero,
que muero porque no muero.

El pelotazo

Y, claro, los que pasan por allí me oyen y flipan. ¡Una tía con pinta de yonqui, que dice que es santa Teresa y va recitando su poesía! Los corros que se forman a mi alrededor son enormes, y tengo que buscarme otro sitio porque en el que estoy ya no cabe un alfiler. Me pongo entonces en una plaza en la que hay una fuente, y ahí, junto a la fuente, es donde doy el pelotazo. Y noto que lo doy porque hay caras que empiezo a ver todos los días y, de ser un espectáculo de fin de semana, aquello pasa a ser una función diaria con varias matinales. Entre poema y poema, y para que la gente que repite no se aburra, se me ocurre incluir episodios de mi vida; una especie de popurrí de cosas que me ocurrieron hace quinientos años mezcladas con anécdotas del presente. Por ejemplo, comparo cómo, hace quinientos años, las monjas pidieron mi ingreso en la cárcel, con mi arresto a las puertas del Congreso; o cómo, hace cinco siglos, un día empecé a levitar, con las teorías que afirman que, si alguna vez sentí que mis pies se separaban del suelo, era porque iba puesta hasta las cejas.

LSD

¿Sabían ustedes que, en 1943, un tal doctor Hofmann sintetizó el ácido lisérgico a partir del hongo que le sale al centeno cuando se pudre? Yo no tenía ni idea. Pero, como hace cinco siglos, fiel a mi voto de pobreza, me comía el pan que estaba en peor estado de todo el convento, en la actualidad hay voces que defienden que es probable que aquello de que levitaba era porque iba puesta de tripi todo el día. ¿Saben lo que es un tripi? Un tripi es una gota de ácido lisérgico, diluido en un cuadradito de papel absorbente. Se coloca debajo de la lengua y se deja ahí hasta que se deshace como un caramelo. Yo me enteré hace poco, pero, buscando, encontré una página en internet en donde los venden. Una hoja entera, que son veinticinco tripis, sale a ciento veinticinco euros y, dependiendo del dibujo que lleven impreso, se les llama de una manera o de otra. Los más famosos son las Bicicletas, los Panoramix, los Aliens, los Acid House, los Buda, los Simpson, los Mickey Mouse, los Superman, y luego hay otros que se llaman como yo: Santa Teresa. ¿Los han visto alguna vez? Mírenlos, aquí están: tripis con mi cara. Esta soy yo, aquí liada con mis cosas, y esto de aquí arriba, una especie de resplandor que baja del cielo en forma de paloma. Se los pueden ir pasando y así los aprecian con más detalle. Si alguien se anima a probarlos, no hay problema, pero les recomiendo que, si es la primera vez, empiecen con una esquinita.

VIAJE INTERIOR

Las drogas no están prohibidas porque sean malas para la salud, las drogas están prohibidas porque, al igual que la cultura, son una llave que te ayuda a ir más allá. Un tripi y un libro son muy parecidos, porque los dos son un viaje y, como viajes que son, también son vehículos que te transportan de este mundo a otro diferente; a otro mundo que los demás no pueden ver, pero que está ahí. Las drogas están prohibidas porque te llevan al límite, te iluminan y, en esa frontera, te revelan la verdad. Por eso, junto a la cultura, son dos de las cosas más perseguidas y maltratadas por aquellos que nos gobiernan, porque ambas consiguen abrir las puertas del cerebro de los que las consumen, revelendo ante sus ojos cualquier clase de hipocresía y falsedad. En 1969, durante los tres días que duró el festival de Woodstock, tres millones de personas convivieron bajo los efectos del ácido lisérgico. No se conoció ni un solo caso de suicidio o agresión causado por esta sustancia. Sin embargo, al mismo tiempo, fuera de aquella granja de Nueva York había miles de personas sobrias asesinando, suicidándose y violando. Si los seres humanos, en vez de trabajar tanto, leyéramos y nos drogáramos más, los políticos desaparecerían de un plumazo; porque el conocimiento es un arma de destrucción masiva, y esa arma de destrucción, lo primero que hace es dinamitar la idea de poder. Por eso las únicas drogas que se nos permite consumir son las que nos anclan a este mundo, y nunca las que nos conducen a la realidad. Sí, viajar está terminantemente prohibido. Creemos que nos desplazamos porque nuestro cuerpo puede trasladarse a través del espacio, pero la realidad es que, desde que nacemos hasta que morimos, somos muy pocos los que conseguimos movernos del lugar en el que estamos. Y es que, a diferencia de lo que nos intentan hacer creer, el verdadero movimiento no es físico; el verdadero movimiento se realiza a través de la mente y tiene un nombre, se llama *viaje interior*.

Un giro inesperado

Una tarde, justo a esta altura del monólogo, se me acerca una muchacha, me da una tarjeta y me dice: "Soy la propietaria de un café teatro", una especie de club de la comedia donde la gente prueba suerte con esto del *stand up comedy*". "¿*Stand up comedy*?, ¿y eso qué es?", le pregunto. "¿Sería usted capaz de hacer sobre un escenario lo mismo que hace aquí en la calle?", me responde. Bien, a la semana, no solo me había reunido con ella, sino que ya estaba en su local largando mi monólogo, una especie de retrospectiva de mi vida que, además de lo que acabo de contarles, incluye una tertulia política, una suerte de mesa redonda durante la que interactúo con el público y reflexiono acerca de cuestiones tipo: ¿Por qué los españoles somos como somos? ¿En qué aspectos hemos avanzado como sociedad en los últimos quinientos años y en qué otros estamos estancados? Y sobre todo: ¿Hasta qué punto creen que han podido influir en nuestro carácter los cuatro siglos que ha estado vigente en nuestro país la Santa Inquisición? Y, oye, por lo que sea, el monólogo empieza a gustar, viene un montón de gente a verme y Virginia, que es como se llama la chica de la cafetería, me propone que forme parte del repertorio. La verdad es que con Virginia estoy de maravilla. Primero, porque en ella encuentro a una verdadera amiga y, segundo, porque con el dinero que me saco actuando me da para alquilarme una habitación y, por primera vez, tengo mi propio hogar.

Los caminos del Señor son inescrutables

La habitación es pequeña y no tiene vistas a la calle; da a un patio interior, pero yo lo prefiero porque así no me distraigo y estoy más concentrada. A primera hora trabajo perfeccionando el monólogo, luego como algo, cualquier cosa, me echo la siesta y, al despertar, me meto en el cuarto de baño y empiezo a descomponerme. Me siento en el borde de la bañera y, miembro a miembro, me voy desarmando. Primero un pie, luego la nariz, después los ojos, las tripas, los huesos, las pestañas... Hasta que, flotando en la bañera, descanso liberada del peso de la carne. Sin dejar de observar el modo en el que mis extremidades quedan suspendidas en el agua, me pregunto: "¿Y si los demás estuviesen en lo cierto y fuese yo la equivocada?, ¿y si, como todo el mundo dice, fuese una demente y no una santa de verdad? ¿Tan segura estoy de ser quien soy?". A las siete menos cuarto suena la alarma, me recojo pedazo a pedazo, me monto otra vez y me miro a un espejo que tengo en la habitación antes de dejar el hostal y tirar de nuevo para la cafetería. Me miro y pienso: "Regresé por segunda vez a la vida, sin saber quién era ni qué misión tenía el cielo reservada para mí, y ahora mírame: ni monja ni puta, ni vándala ni mendiga, ni yonqui ni presa: actriz y DJ". Actriz porque es con lo que me gano la vida, y DJ porque, después de que Virginia me llevara una noche a una fiesta en una casa okupa, mi vida ha dado un giro de ciento ochenta grados. Tal y como me ocurrió hace quinientos años, tengo otra revelación, aunque esta vez en medio de una pista de baile, rodeada de miles de mujeres bailando música electrónica.

Segunda revelación

Un laboratorio dedicado a la música experimental donde los bienes sean comunes y el rango social carezca de importancia, una morada en la que se respete la individualidad de cada persona y se renuncie a la riqueza, un espacio sencillo dedicado a la electrónica. Ni un convento ni una sala de fiestas. Éxtasis, trance y sudor: la casa de la expansión y el recogimiento; un templo que, más que un templo, sea una llama que alumbre al resto del mundo. Sí, Teresa, has de caminar hasta el precipicio, detenerte al borde del acantilado y saltar, saltar sin miedo, porque el miedo es el demonio y tu única obligación es seguir profundizando en lo desconocido. Aunque muchos te vean como una amenaza y te conviertas en un peligro, lo harás. Y, en ese momento... En ese momento, tal y como hiciste hace cinco siglos, cambiarás de nuevo tu nombre. Dejarás de ser Teresa de Jesús para empezar a llamarte por tus iniciales: Teresa DJ, una mujer con una misión: *okupar* cuantas casas sea posible para oficiar en ellas tus propias ceremonias; ritos en los que el mundo deje de ser un fin para empezar a convertirse en un medio, una puerta por la que el alma de todos los allí reunidos coja fuerza y, repleta de amor a Dios, eche a volar.

Flotando en éxtasis

Y eso es exactamente lo que hice: reconquistar los mismos lugares que conquisté hace quinientos años para pinchar música trance dentro de los conventos".

> *Una mesa de mezclas desciende de las alturas. La mujer se coloca unos cascos, conecta la consola y comienza a pinchar trance progresivo. Las luces estroboscópicas lo invaden todo.*

De Ávila a Medina del Campo, de Medina del Campo a Malagón, de Malagón a Valladolid, de Valladolid a Toledo, de Toledo a Pastrana, de Pastrana a Salamanca, de Salamanca a Alba de Tormes, de Alba de Tormes a Segovia y de Segovia a Beas del Segura. Y allí, mientras estoy en la cabina en plena sesión, vuelve a sucederme algo sobrenatural. Unas luces psicodélicas, que parecen de otro mundo, se apoderan de repente del espacio y le dan la bienvenida a un querubín; un ángel luminoso que, desde el aire, me lanza un dardo de oro hacia el pecho, una flecha incandescente que hace que, al tiempo que me derrumbo sobre el suelo, algo comience a elevarse a través de mi garganta. Es mi corazón, que convertido en paloma se me sale por la boca para, a continuación, volar sobre los presentes; un ave blanca como la nieve que, seguida de una llama de fuego, lo va incendiando todo a su paso. Y una vez que todo arde, la paloma se me acerca y me dice: "Teresa, si realmente fuiste una santa que no paró de buscar a Dios o simplemente una mujer que solo se buscó a sí misma, ¿qué importancia tiene?, ¿qué importancia tiene si todo lo que dijiste e hiciste fue con el propósito de proteger la dignidad de las personas; la dignidad de las personas y, sobre todo, a Dios, que no es otra cosa que sed de autonomía, deseo de conocimiento y hambre de libertad? Libertad para ser una ermitaña anacoreta y, al mismo tiempo, una andariega trotamundos; para ser una mística contemplativa y, al mismo tiempo, una cotorra charlatana; para ser una ardiente iluminada y, al mismo tiempo, una cínica impostora". Y según terminó de pronunciar aquellas palabras, la paloma cayó desplomada junto a mí. Una paloma muerta en el suelo que, inmediatamente, se convirtió en un charco de agua negra, un pozo oscuro como la noche en el que, al asomarme, me precipité. "¿Y si para llegar a encontrarme *a mí misma* —pensé mientras mi cuerpo caía al vacío— tuviese que alejarme de todo aquello que creo que soy?". "¿Y si para llegar a encontrarme *a mí misma* tuviese que escapar de los senderos cerrados de mi personalidad? ¿Y si para llegar a encontrarnos *a nosotros mismos* tuviésemos que huir lo más lejos posible hasta perdernos por completo y desaparecer?"

La mujer se quita los cascos, baja del escenario y, poseída por un gozo inefable, comienza a bailar entre el público. Un rótulo proyectado reza como sigue:

EL QUE QUIERE CONSEGUIR TODO
DEBE RENUNCIAR A TODO

Teresa Sánchez de Cepeda Dávila y Ahumada

El teatro, en este momento, ya no es un teatro, es un santuario, un templo tan tenebroso como lleno de luz, en el que los espectadores están de pie, bailando como si no hubiera pasado ni futuro, tan solo presente; un presente continuo que parece no tener fin y que conecta directamente con la eternidad.

Colección de Teatro

Teatroautor

1. **El baile de los ardientes**
   Francisco Nieva
2. **Oportunidad: bonito chalet familiar**
   Juan José Alonso Millán
3. **Feliz aniversario**
   Adolfo Marsillach
4. **Operación ópera**
   Ignacio García May
5. **La mirada del hombre oscuro**
   Ignacio del Moral
6. **El señor de las patrañas**
   Jaime Salom
7. **Pop y patatas fritas**
   Carmen Resino
8. **Pisito clandestino**
   Antonio Martínez Ballesteros
9. **El dragón de fuego**
   Roma Mahieu
10. **Gracias, abuela...**
    Sebastián Junyent
11. **Pasarse de la raya**
    Juan José Alonso Millán
12. **Indian summer**
    Rodolf Sirera
13. **Cena para dos**
    Santiago Moncada
14. **Matrimonio para tres**
    Antonio Martínez Ballesteros
15. **Un millón por una rosa**
    María Luisa Luca de Tena
16. **Trescientos veintiuno, trescientos veintidós**
    Ana Diosdado
17. **Morirás de otra cosa**
    Manuel Gutiérrez Aragón
18. **Trampa para pájaros**
    José Luis Alonso de Santos
19. **Los gatos**
    Agustín Gómez Arcos
20. **Palomas intrépidas**
    Miguel Sierra
21. **Columbi lapsus**
    Albert Boadella
22. **Un hombre de cinco estrellas**
    María Manuela Reina
23. **El hombre del Taj Mahal**
    Santiago Moncada
24. **Caballos de mar**
    Rodolf y Josep Lluís Sirera
25. **Desnudos**
    Joan Casas
26. **Para-lelos 92 / Reservado el derecho de admisión**
    Petra Martínez y Juan Margallo
27. **Los figurantes**
    José Sanchis Sinisterra
28. **Entre tinieblas**
    Fermín Cabal y Pedro Almodóvar
29. **Ya tenemos chica**
    Juan José Alonso Millán
30. **Caprichos**
    Santiago Moncada
31. **Los españoles bajo tierra**
    Francisco Nieva
32. **El viaje infinito de Sancho Panza**
    Alfonso Sastre
33. **Una hoguera al amanecer**
    Jaime Salom
34. **¡Anda, mi madre!**
    Juan José Alonso Millán

35. **La pasión de amar**
Joaquín Calvo-Sotelo

36. **Manzanas azules, higos celestes**
Alberto Miralles

37. **Teledeum**
Albert Boadella

38. **Don Juan último**
Vicente Molina Foix

39. **Casi una diosa**
Jaime Salom

40. **Vis a vis en Hawai**
José Luis Alonso de Santos

41. **Nosferatu**
Francisco Nieva

42. **Sólo, sólo para mujeres**
Sebastián Junyent

43. **Comisaría especial para mujeres**
Alberto Miralles

44. **La posada del Arenal**
Eduardo Galán y Javier Garcimartín

45. **Siempre en otoño**
Santiago Moncada

46. **Auto / Retén**
Ernesto Caballero

47. **Picasso andaluz, la muerte del Minotauro / Piel de toro**
Salvador Távora

48. **Las señoritas de Siam**
Ever Martín Blanchet

49. **Noches de amor efímero**
Paloma Pedrero

50. **Perdonen la tristeza/Obra póstuma**
Eusebio Calonge

51. **¡Viva el cuponazo!**
Rafael Mendizábal

52. **Sólo para parejas**
Juan José Alonso Millán

53. **Marina**
Luis Olmos

54. **Oscar & Sherlock**
Santiago Moncada

55. **Annus horribilis**
Francesc Lucchetti Farré

56. **Mariposas negras**
Una noche con Clark Gable
Jaime Salom

57. **Los bellos durmientes**
Antonio Gala

58. **La tuerta suerte de Perico Galápago**
Jorge Márquez

59. **El cerco de Leningrado**
José Sanchis Sinisterra

60. **Feliz cumpleaños, Sr. Ministro**
Rafael Mendizábal

61. **Yo tengo un tío en América**
Albert Boadella

62. **¡Hombres!**
Companyia T de Teatre

63. **La taberna de los Cuatro Vientos**
Alberto Vázquez Figueroa

64. **E. R.**
Josep M. Benet i Jornet

65. **Chapó**
Jordi Beguería

66. **La senyora Florentina i el seu amor Homer**
Mercè Rodoreda

67. **Saxo tenor**
Roberto Vidal Bolaño

68. **Rodeo / Libración**
Lluïsa Cunillé

69. **Cristal de Bohemia**
Ana Diosdado

70. **La sombra del Tenorio**
José Luis Alonso de Santos

71. **Mujeres frente al espejo**
Eduardo Galán

72. **Hora de visita**
José Luis Alonso de Santos

73. **Tiempo de ensayo**
Gerard Vázquez

74. **La trama**
Jaime Salom

75. **Usted no sabe con quién está hablando**
Juan José Alonso Millán

76. **El jardín de nuestra infancia**
Alberto Miralles

77. **Mejor en octubre**
Santiago Moncada

78. **Veinte años no es nada**
Stop Madrid
Eduardo Recabarren

79. **La tumba de Antígona**
María Zambrano

80. **Cásting**
Roger Justafré

81. **De cómo Antoñito López, natural de Játiva, subió a los cielos**
Rafael Mendizábal

82. **Yonquis y yanquis**
José Luis Alonso de Santos

83. **Locas de amar**
Paloma Pedrero

84. **Hijos de la niebla**
Roger Justafré

85. **Oxo**
Joan Guasp

86. **La abuela echa humo**
Rafael Mendizábal

87. **Krámpack**
Jordi Sánchez

88. **¿Y ahora, qué?**
Santiago Moncada

89. **Eutanasio**
Manuel Ruiz-Castillo

90. **Después de la lluvia**
Sergi Belbel

91. **Danzón de perras**
Luis Riaza

92. **Picospardo's**
Javier García-Mauriño

93. **Ocaña, el fuego infinito**
Andrés Ruiz López

94. **Las reglas del género (Maror)**
Rodolf Sirera

95. **Metro**
Francisco Sanguino y Rafael González

96. **Salvajes**
José Luis Alonso de Santos

97. **Recreo**
Manuel Veiga

98. **El otro William**
Jaime Salom

99. **La Ley Sorda**
Mobilis in mobili
José Bea Mataix

100. **El Nacional**
Albert Boadella

101. **Lencería fina**
Enrique Bariego

102. **Esta noche no estoy para nadie**
Juan Carlos Rubio

103. **Dakota**
Jordi Galceran

104. **Marsal Marsal**
Perdida en los Apalaches
José Sanchis Sinisterra

105. **Pregúntame por qué bebo**
La orquesta sólo toca para mí
Juan Carlos Ordóñez

106. **Te vas, me dejas y me abandonas (Mutis)**
Julio Escalada

107. **Mirador**
Paco Zarzoso

108. **Los restos**
Raúl Hernández Garrido

109. **Miguel Will**
José Carlos Somoza

110. **Criaturas**
Companyia T de Teatre

111. **Contigo aprendí**
Rafael Mendizábal

112. **Una hora de felicidad**
Manuel Veiga

113. **No faltéis esta noche**
Santiago Martín Bermúdez

114. **Mandíbula afilada**
Carles Alberola

115. **Cartas de amor a Stalin**
Juan Mayorga

116. **Suite / Combate**
Carles Batlle

117. **El niño del Hospital Italiano**
Despropósitos
Eduardo Recabarren

118. **Píntame en la eternidad**
Alberto Miralles

119. **¿Le gusta Schubert?**
Rafael Mendizábal

120. **Más o menos amigas**
Una hora sin televisión
Jaime Salom

121. **¡Entiéndemetúamí!**
Eloy Arenas

122. **Tres (+1)**
Antonio Jesús González

123. **Una estrella**
Besos de lobo
Paloma Pedrero

124. **Gorditas**
Gustavo Ott

125. **Las manos**
José R. Fernández
Yolanda Pallín
Javier G. Yagüe

126. **Caos**
Antonio Álamo

127. **Qué asco de amor**
Yolanda García Serrano

128. **El último verano**
Coté Soler
Raquel Pérez

129. **Precisamente hoy**
Josep M. Benet i Jornet

130. **La cruzada de los niños de la calle**
Claudia Barrionuevo
Dolores Espinoza
Christiane Jatahy
Iván Nogales
Arístides Varga
Víctor Viviescas

131. **No es tan fácil**
Paco Mir

132. **¡Santiago (de Cuba) y cierra España!**
Ernesto Caballero

134. **23 centímetros**
Carles Alberola
Roberto García

135. **Despedida II**
Antonio Morcillo López

136. **Desnudas**
oberto Santiago

137. **"Pa siempre"**
Sebastián Junyent

138. **Las señoritas de Aviñón**
Jaime Salom

139. **Buñuel, Lorca y Dalí**
Alfonso Plou y Teatro del Temple

140. **Última batalla en El Pardo**
José María Rodríguez Méndez

141. **Los amantes del demonio**
Alberto Miralles

142. **La vesícula de Aristóteles**
Miguel Ángel Zamorano

143. **Esmoquin**
Santiago Moncada

144. **La comedia de Carla y Luisa**
J. L. Alonso de Santos

145. **Carta de amor**
Vuela hacia Cecilia
Fernando Arrabal

146. **Invierno (Cuatro estaciones)**
Julio Escalada

147. **Para los recuerdos**
Liliana Pérez

148. **En el túnel un pájaro**
Paloma Pedrero

150. **Defensa de dama**
Isabel Carmona
Joaquín Hinojosa

151. **Mi relación con la comida**
Angélica Liddell

152. **Magia Café**
Paloma Pedrero

153. **Esmoquin 2 (Un año después)**
Santiago Moncada

154. **Tentación**
Carles Batlle

155. **Ana en el trópico**
Nilo Cruz

156. **Once voces contra la barbarie del 11-M**
VV. AA.

157. **Humo**
Juan Carlos Rubio

158. **El método Grönholm**
Jordi Galceran

159. **La curva de la felicidad o la crisis de los 40**
Eduardo Galán / Pedro Gómez

160. **Fuso Negro**
Eva Hibernia

161. **¡¡¡Mamáááá!!!**
Jordi Sànchez / Pep Anton Gómez

162. **Almacenados**
David Desola

163. **Desconcierto**
Santiago Moncada

164. **En cualquier otra parte**
Alejandro Mañas

165. **Cartones**
Manuel Veiga

166. **Diálogo de sombras**
Rafael Campos

167. **Al menos no es Navidad**
Carles Alberola

168. **Barcelona, mapa de sombras**
Lluïsa Cunillé

169. **En la Toscana**
Sergi Belbel

170. **En experimentos con ratas**
Antonio Morcillo López

171. **La alambrada**
Marco Canale

172. **Carnaval**
Jordi Galceran

173. **Segunda mano**
Algún amor que no mate
Dulce Chacón

174. **La boda**
Carmen Resino

175. **Esta noche no hay cine**
La pecera y el mar
Jaime Salom

176. **Rebeldías posibles**
Luis García-Araus
Javier García Yagüe

177. **NN12**
Gracia Morales

178. **La Vampira del Carrer Ponent o Els misteris de Barcelona**
Josep Arias Velasco

179. **Los cuerpos perdidos**
José Manuel Mora Ortiz

180. **Patadas**
Antonio Álamo

181. **Friday**
Irma Correa

182. **Wilde, being Earnest**
Ozkar Galán

183. **Amargura 275**
Carlos Contreras Elvira

184. **El veneno del teatro / Trío**
Rodolf Sirera

185. **I Laboratorio de Escritura Teatral**
Pascual Carbonell
Ana Graciani
César López Llera
Vanessa Montfort
Paco Romeu

186. **Estado de gracia**
Fernando Epelde

187. **Bangkok**
Antonio Morcillo López

188. **II Laboratorio de Escritura Teatral**
Jordi Casanovas
Alberto Conejero
Irma Correa
Denise Despeyroux
Antonio Rojano
Margarita Sánchez

189. **Usted también podrá disfrutar de ella**
Ana Diosdado

190. **Caídos del cielo**
Magia Café
Paloma Pedrero

191. **Drone**
Fernando Epelde

192. **III Laboratorio de Escritura Teatral**
Paco Bezerra
Zo Brinviyer
Arturo Echavarren
Fernando Epelde
Iñigo Guardamino
Alberto Ramos

193. **Las canciones que les cantaban a los niños**
Raúl Dans

194. **IV Laboratorio de Escritura Teatral**
José Luis de Blas Correa
Lola Blasco
Carlos Contreras Elvira
Sergio Martínez Vila
Esteve Soler
Minke Wang Tang

195. **Campo de noche y niebla**
Pedro Martín Cedillo

196. **V Laboratorio de Escritura Teatral**
Manuel Benito
Beatriz Bergamín
Marcos Gisbert
Lucía Miranda
María San Miguel
Claudia Tobo

197. **Raclette**
(ed. bilingüe castellano / gallego)
Santiago Cortegoso

198. **Solo son mujeres / Només són dones**
(ed. bilingüe castellano / catalán)
Carmen Domingo

199. **El milagro español**
Pablo Remón
Roberto Martín Maiztegui

200. **VI Laboratorio de Escritura Teatral**
QY Bazo
Paco Gámez
Aizpea Goenaga
Javier Hernando Herráez
Eva Redondo
Elena María Sánchez

201. **Un tercer lugar**
Denise Despeyroux

202. **Emilia**
Noelia Adánez
Anna R. Costa

203. **VII Laboratorio de Escritura Teatral**
Carolina África
Denise Duncan
Mar Gómez Glez
Nieves Rodríguez Rodríguez
Carmen Soler
Victoria Szpunberg

204. **La Tarara**
Josi Alvarado

205. **Dinamarca**
Josep Lluís y Rodolf Sirera

206. **VIII Laboratorio de Escritura Teatral**
Juli Disla
Diana I. Luque
Sílvia Navarro Perramon
Juanma Romero Gárriz
Laura Rubio Galletero
María Velasco

207. **Sandra**
(ed. bilingüe castellano / catalán)
Daniela Feixas

208. **Aquí duermen ciervos**
Nieves Rodríguez Rodríguez

209. **Bonobo**
Josep Julien

210. **IX Laboratorio de Escritura Teatral**
Markel Hernández
Eu Manzanares
Daniel J. Meyer
Miguel Mota
Paz Palau
Mélanie Werder Avilés

Teatro infantil y juvenil (Fundación SGAE /Anaya)

El árbol de Julia
Luis Matilla

La ciudad de Gaturguga
José González Torices

La caja de música
Alfonso Zurro

Manzanas rojas
Luis Matilla

Tira-tira o La fábrica de tiras
Agustí Franch Reche

Se suspende la función
Fernando Lalana

Dora, la hija del Sol
Carmen Fernández Villaba

Animaladas
Rafael Alcaraz Sánchez

¿Es tuyo?
Josep Albanell

Au revoir, Marie
Tina Rodríguez Olivares

Barriga
Juanluís Mira

El chip experimental
Ignasi García Barba

Descubriendo, que es gerundio
Alberto Iglesias González

Sumergirse en el agua
Helena Tornero

El último curso
Luis Matilla

Blanco (el libro que nació sin tinta)
Ángel Solo

La comedia Borja
Ignasi Moreno

Lejos
Magda Labarda

Víctor Osama
Francesc Adrià

Las piernas de Amaidú
Luis Matilla

De aventuras
Gracia Morales

Lumen, el guerrero de la luz
Mariano Lloret

Los chicos del barracón n.º 2
Luis Matilla

Un monstruo en mi país
Rodrigo Muñoz Avia

La vida de los salmones
Itziar Pascual

Nana en el tejado
Paco Gámez

Lo que vuelve a casa (y otros árboles)
Nieves Rodríguez Rodríguez

Astrolabio
Paco Romeu

Necesito una flor
Rocio Bello
Javier Hernando Herráez

La increíble historia de la caca mutante
Antonio Álamo

Un no monstruo que no vuela
Sara Pinet

Premios Leopoldo Alas Mínguez

De hombre a hombre
Mariano Moro Lorente

Levante
Carmen Losa

La playa de los perros destrozados
Nacho de Diego

Cliff (Acantilado)
Alberto Conejero

Beca y Eva dicen que se quieren
Juan Luis Mira Candel

El año que mi corazón se rompió
Iñigo Guardamino

Eudy
Itziar Pascual

La tarde muerta
Alberto de Casso

Alimento para mastines
Javier Sahuquillo

El océano contra las rocas
Sergio Martínez Vila

El suelo que sostiene a Hande
Paco Gámez

Eloy y el Mañana
Iñigo Guardamino

La armonía de las esferas
Marcos Gisbert

Afuera están los perros
Francisco Javier Suárez Lema

Una canción italiana
Javier de Dios

Teatro homenaje

Hermógenes Sainz
Historia de los Arraiz

Antonio Buero Vallejo
Las trampas del azar

José López Rubio
La otra orilla

Lauro Olmo
Pablo Iglesias

Fernando Fernán-Gómez
Los invasores del palacio

Adolfo Marsillach
Extraño anuncio

Antonio Gala
El caracol en el espejo

Enrique Fuster del Alcázar
El mercader de ilusiones. La historia de Gregorio Martínez Sierra y Catalina Bárcena

José María Rodríguez Méndez
El pájaro solitario

Biografías / Memorias

Desde el escenario. Reflexiones y recuerdos
Jaime Salom

Francisco Nieva. Artista contemporáneo
VV. AA.

Gerardo Vera. Reinventar la realidad
Jorge Gorostiza

M.ª Teresa León. Memoria de la hermosura
Olga Álvarez (Coord.)

Antologías

Salvador Távora y la Cuadra de Sevilla
Tres décadas de creación teatral
Salvador Távora

Manuales / Guías

Manual de producción, gestión y distribución del teatro
(3.ª ed. totalmente revisada por el autor)
Jesús F. Cimarro

Dramaturgia española de hoy
Fermín Cabal

Mujeres creadoras

Nuria Espert
Juan Cruz

Pequeñoautor

Esto no es lo mío
María Vassart. Ils.: Noemí Villamuza

El misterio de la ópera
Norma Sturniolo. Ils.: Fernando Vicente

El niño que voló detrás de un escenario
Yolanda García Serrano. Ils.: Irene Becker

El mundo de Ariel
Marga Platel-Mateu Estarellas. Ils.: Mateu Estarellas

Esta publicación ha sido realizada íntegramente en papel ecológico libre de cloro